Analizando la Enseñanza del Trabajo en los 12 Profetas de la Biblia

La Enseñanza del Trabajo en la Biblia, Volume 14

Sermones Bíblicos

Published by Seminit Publications, 2023.

While every precaution has been taken in the preparation of this book, the publisher assumes no responsibility for errors or omissions, or for damages resulting from the use of the information contained herein.

ANALIZANDO LA ENSEÑANZA DEL TRABAJO EN LOS 12 PROFETAS DE LA BIBLIA

First edition. July 8, 2023.

Copyright © 2023 Sermones Bíblicos.

Written by Sermones Bíblicos.

Tabla de Contenido

Dedication

Isaías 14:3. *Y acontecerá que el día que Jehová te dé descanso de tu tristeza y de tu temor, y de la dura servidumbre en que fuiste hecho servir, tomarás este proverbio contra el rey de Babilonia, y dirás: ¡Cómo ha cesado el opresor, cómo ha cesado la ciudad de oro!*

Oh hijo de Dios, pronto tendrás un glorioso tiempo de descanso. Hoy es tu tiempo de trabajo; ahora estás bajo dura servidumbre; pero aún llegarás a la plenitud de tu libertad en Cristo Jesús. En aquel día, Jehová mismo te dará descanso de todas tus penas y temores; obtendrás gozo y alegría, y huirán la tristeza y el suspiro. Esta fue una gran profecía para Isaías, porque, en su tiempo, no había poder en la tierra igual al de Babilonia. Esa gran ciudad abundaba en palacios y riquezas extraordinarias, y su poder era tal que ningún reino podía hacerle frente. Durante un tiempo, hizo pedazos a todos los que lucharon contra ella; sin embargo, Dios hizo pedazos a Babilonia en su propio tiempo; y he aquí un canto de regocijo en previsión de su derrocamiento: "¡Cómo ha cesado el opresor! ¡ha cesado la ciudad de oro!".

— **Charles Spurgeon**

Introducción general a los Doce Profetas de la Biblia

Los libros de los Doce Profetas abordan distintas circunstancias de la vida de Israel que presentan diferentes desafíos. El tema unificador de los relatos de estos profetas es que en Dios no hay separación entre la labor del culto y la de la vida cotidiana, ni entre el bienestar individual y el bien común. El pueblo de Israel es fiel o infiel a la alianza con Dios, y la medida de su fidelidad se pone inmediatamente de manifiesto en su culto o en su negligencia en el culto. La fidelidad o infidelidad del pueblo a la alianza con Dios se refleja no sólo en el ámbito espiritual, sino también en el entorno social y físico, incluida la propia tierra. El grado de fidelidad del pueblo se refleja también en su ética de vida y de trabajo, que a su vez determina la fecundidad de sus labores y su consiguiente prosperidad o pobreza. Los malvados pueden prosperar a corto plazo, pero tanto la disciplina de Dios como las consecuencias naturales del trabajo injusto acabarán por dejar a los injustos en la pobreza y la desolación. Sin embargo, cuando los individuos y las sociedades trabajan en fidelidad a Dios, Él los bendice con salud y prosperidad espiritual, ética y medioambiental.

Estos doce últimos libros del Antiguo Testamento se conocen en la tradición cristiana como los Profetas Menores. En la tradición hebrea, estos libros se encuentran en un único rollo llamado *"Libro de los Doce"*, que forma una especie de antología con una progresión de pensamiento y una coherencia temática. El trasfondo principal de la colección es la alianza que Dios ha hecho con su pueblo, y la narración dentro de la colección es la historia de la violación de la alianza por parte de Israel y la restauración que Dios va desplegando lentamente para la nación y la sociedad israelitas.

En este contexto, cinco de los seis primeros libros de los Doce -Joel, Amós, Abdías y Miqueas- reflejan el impacto del pecado del pueblo, tanto en la alianza como en los acontecimientos mundiales. Los tres siguientes -Nahúm, Habacuc y Sofonías- hablan del castigo por el pecado, también en términos de la alianza y del mundo. Los tres últimos libros proféticos -Hageo, Zacarías y Malaquías- tratan de la restauración de Israel, de nuevo en términos de renovación de la alianza y restauración parcial de la posición de Israel en el mundo. Por último, Jonás es un caso especial. Su profecía no se refiere en absoluto a Israel, sino a la ciudad-estado no hebrea de Nínive. Es bien sabido que tanto su contexto como su composición son difíciles de datar con fiabilidad.

¿Quiénes eran los profetas?

Un profeta era aquel que, llamado por Dios y lleno de su Espíritu, proclamaba la Palabra del Señor a las personas que, de un modo u otro, se habían alejado de Dios. En cierto sentido, un profeta es un predicador. Sin embargo, en términos actuales, un profeta es un denunciante, especialmente cuando toda una tribu o nación se ha alejado de Dios.

Los profetas llenan las páginas de la historia de Israel. Moisés fue el profeta que Dios utilizó para rescatar al pueblo hebreo de la esclavitud en Egipto y conducirlo después a la tierra que Dios le había prometido. Una y otra vez, este pueblo se apartó de Dios. Moisés fue el primer portavoz de Dios para que volvieran a relacionarse con el Señor. En los libros de historia del Antiguo Testamento (*Josué, Jueces, 1 y 2 Samuel, 1 y 2 Reyes, 1 y 2 Crónicas, Esdras y Nehemías*), profetas como Débora, Samuel, Natán, Elías, Eliseo, Hulda y otros se levantan para hablar de la Palabra de Dios a un pueblo rebelde.

El culto religioso de Israel se organizaba en torno al trabajo de los sacerdotes, primero en el tabernáculo y luego en el templo. La descripción del trabajo diario de los sacerdotes es el sacrificio, descuartizamiento y asado de los animales de sacrificio traídos por la gente que los ofrecía. Sin embargo, el trabajo de un sacerdote iba más allá del duro trabajo físico de cuidar de miles de sacrificios de animales. Un sacerdote también era responsable de ser el líder espiritual y moral del pueblo. Aunque a menudo se consideraba al sacerdote como el mediador entre el pueblo y Dios en los sacrificios del templo, su mayor responsabilidad era enseñar al pueblo la ley de Dios (Lv. **10:11**; Dt. **17:8-10**; **33:10**; Ez. **7:10**).

Por desgracia, en la historia de Israel era frecuente que los propios sacerdotes se corrompieran y se alejaran de Dios, llevando al pueblo a la idolatría. Los profetas se levantaron cuando los sacerdotes fracasaron en su tarea de gobernar la tierra con justicia. En cierto sentido, Dios llamó a los profetas y habló a través de ellos, utilizándolos como delatores cuando toda la nación israelita estaba al borde de la autodestrucción.

Una de las desgracias más escandalosas del pueblo de Dios era que adoraba continuamente a muchos de los dioses de las naciones paganas vecinas. Prácticas comunes de este culto idolátrico incluían el sacrificio de sus hijos a Moloc y la prostitución ritual con todas las prácticas obscenas imaginables *"en los lugares altos, en los montes y debajo de todo árbol verde"* (2Cr **28:4**). Pero una perversidad aún mayor en el abandono de *Yahvé* provino del olvido de la estructura divina para la vida comunitaria como pueblo santo apartado para Dios. El cuidado de los pobres, la viuda, el huérfano y el extranjero en la tierra fue sustituido por la opresión. Las prácticas comerciales quebrantaron las normas de Dios, de modo que la extorsión, el soborno y la deshonestidad se convirtieron en moneda corriente. Los líderes usaron el poder para destruir vidas, y los líderes religiosos despreciaron lo que era sagrado para Dios. Lejos de enriquecer a la nación, estas prácticas impías la llevaron a la ruina. Típicamente, los profetas eran las últimas voces en la tierra que llamaban a la gente a volver a Dios y restaurar su comunidad a la salud y la rectitud.

En la mayoría de los casos, los profetas no eran *profesionales*, es decir, no vivían de sus actividades proféticas. Dios los utilizó para una tarea especial mientras estaban en medio de sus otras ocupaciones. Algunos profetas (como Jeremías y Ezequiel) eran sacerdotes y tenían las funciones descritas anteriormente. Otros eran pastores, como Moisés y Amós. Débora era una jueza que resolvía las disputas entre los israelitas. Hulda era probablemente una maestra en el sector académico de Jerusalén. Ser profeta significaba tener que trabajar.

Situar a los profetas en la historia de Israel

Los relatos de los primeros profetas están entretejidos en la historia de Israel en los libros de Josué a **2** Reyes, es decir, no se encuentran en un texto separado. Posteriormente, las palabras y los hechos de los profetas se conservaron en colecciones separadas que constituyen los últimos diecisiete libros del Antiguo Testamento, desde Isaías hasta Malaquías. A éstos se les suele llamar *"profetas posteriores"*, o a veces *"profetas literarios"*, porque sus palabras se escribieron en textos literarios separados y no a lo largo de los libros de historia, como ocurría con los profetas anteriores.

Cuando el reino unido se dividió en dos, las diez tribus del norte (Israel) se sumieron inmediatamente en la idolatría. Elías y Eliseo, los últimos de los profetas anteriores, fueron llamados por Dios para exhortar a los israelitas idólatras a adorar sólo a *Yahvé*. Los primeros profetas literarios, Amós y Oseas, fueron llamados a amonestar a los reyes apóstatas del norte de Israel, desde Jeroboam II hasta Oseas. Como tanto los reyes como el pueblo se negaron a volver a *Yahvé*, Dios permitió que el poderoso imperio de Asiria derrocara al reino septentrional de Israel en el **año 722** a.C. Los asirios, crueles y despiadados, no sólo destruyeron las ciudades y pueblos del país y saquearon sus riquezas, sino que también tomaron cautivos de entre los israelitas y los esparcieron por todo el imperio con la intención de destruir para siempre su sentido de nación (2 **Re 17,1-23**).

A medida que Israel se acercaba a la destrucción, la pequeña nación de Judá, al sur, dejó de adorar a *Yahvé* y comenzó a adorar a dioses extranjeros. Los reyes buenos hicieron que el pueblo abandonara el culto y las malas prácticas comerciales, pero los reyes malos anularon estas acciones. En el reino del sur (Judá), los primeros profetas literarios fueron Abdías y Joel, que actuaron como denunciantes durante los reinados de Jeroboam, Ocozías, Joás y la reina Atalía.

Isaías habló la Palabra de Dios en Judá durante los reinados de cuatro reyes -Uzías, Jotam, Acaz y Ezequías- y Miqueas también profetizó durante este período. El sucesor de Ezequías en el trono fue Manasés, de quien las Escrituras dicen que hizo más maldad ante el Señor que cualquiera de sus predecesores (**2 R 21:2-16**).

Los relatos de los primeros profetas están entretejidos en la historia de Israel en los libros de Josué a **2** Reyes, es decir, no se encuentran en un texto separado. Posteriormente, las palabras y los hechos de los profetas se conservaron en colecciones separadas que constituyen los últimos diecisiete libros del Antiguo Testamento, desde Isaías hasta Malaquías. A menudo se les denomina *"profetas tardíos"*, o a veces *"profetas literarios"*, porque sus palabras se escribieron en textos literarios separados y no a lo largo de los libros de historia, como sucedía con los profetas anteriores.

Cuando el reino unido se dividió en dos, las diez tribus del norte (Israel) cayeron inmediatamente en la idolatría. Elías y Eliseo, los últimos de los profetas anteriores, fueron llamados por Dios para exhortar a los israelitas idólatras a adorar sólo a *Yahvé*. Los primeros profetas literarios, Amós y Oseas, fueron llamados a amonestar a los reyes apóstatas del norte de Israel, desde Jeroboam II hasta Oseas. Debido a que tanto los reyes como el pueblo se negaron a volver a *Yahvé*, Dios permitió que el poderoso imperio de Asiria derrocara al reino del norte de Israel en el **año 722** a.C. Los crueles y despiadados asirios no sólo destruyeron las ciudades y pueblos del país y saquearon sus riquezas, sino que también tomaron cautivos de entre los israelitas y los esparcieron por todo el imperio con la intención de destruir para siempre su sentido de nación (**2 Re 17:1-23**).

A medida que Israel se acercaba a la destrucción, la pequeña nación sureña de Judá dejó de adorar a *Yahvé* y comenzó a adorar a dioses extranjeros. Los reyes buenos hicieron que el pueblo abandonara la adoración y las malas prácticas comerciales, pero los reyes malos revirtieron estas acciones. En el reino del sur (Judá), los primeros profetas literarios fueron Abdías y Joel, que sirvieron como denunciantes durante los reinados de Jeroboam, Ocozías, Joás y la reina Atalía.

Isaías proclamó la Palabra de Dios en Judá durante los reinados de cuatro reyes -Uzías, Jotam, Acaz y Ezequías- y Miqueas también profetizó durante este período. El sucesor de Ezequías en el trono fue Manasés, quien, según las Escrituras, hizo más maldad ante el Señor que cualquiera de sus predecesores (**2 Rey. 21:2-16**).

Cronología de los profetas bíblicos

La siguiente tabla muestra dónde encajan cronológicamente los profetas en el reino septentrional de Israel y el reino meridional de Judá.

Periodo	Norte Reyes	Norte Profetas	Sur Reyes	Sur Profetas
Reino Unido bajo Saúl, David, Salomón, c. **1030 - 931**				
Reino dividido	Jeroboam (**931-910**)		Roboam (**931-913**)	
	Nadab (**910-909**)		Abías (**913**)	
	Baasha (**909-886**)		Asa (**911-870**)	
	Elah (**886**)		Josafat (**873-848**)	
	Zimri (**885**)		Joram (**853-841**)	Obadiah
	Omri (**885-874**)	Elías	Reina	Joel
	Ajab (**874-853**)	Elisha	Atalía (**841-835**)	Isaías
	Joram (**852-841**)	Amos	Joás (**835-796**)	Miqueas
	Jehú (**841-814**)	Jonás	Amasías (**796-767**)	Jeremías
	Joacaz (**814-798**)	Oseas	Uzías (**790-740**)	Sofonías
	Joás (**798-782**)		Jotam (**750-731**)	Hulda
	Jeroboam II (**793-753**)		Ajaz (**735-715**)	Nahum
	Zacarías		Ezequías (**715-686**)	Habacuc

(753-752)
Shallum
(752)
Menahem
752-742)
Pekahiah
(742-740)
Peka
(752-732)
Oseas
(732-722)

Manasés
(695-642)
Amón
(642-640)
Josías
(640-609)
Joacaz
(609)
Joaquín
(609-597)
Joaquín
(597)
Sedequías
(597-586)

Exilio
babilónico

Profetas
postexílicos

Ezequiel
Daniel

Zorobabel,
gobernador
Nehemías,
gobierna

Historia de los Doce Profetas

El contexto y la fecha de los relatos de los profetas de Israel y Judá son objeto de gran debate.

Con respecto a los Doce, haremos una breve descripción. Dentro del primer grupo, existe un amplio consenso en que Oseas, Amós y Miqueas datan del siglo VIII a.C. Para entonces, el Reino Unido de Israel, gobernado por David y más tarde por Salomón, hacía tiempo que se había dividido en un reino del norte conocido como Israel y un reino del sur conocido como Judá. Miqueas era del reino del sur y hablaba al pueblo de su propio reino, Amós era del reino del sur y hablaba al reino del norte, y Oseas era del reino del norte y hablaba al pueblo de su propio reino.

A principios del siglo VIII, tanto el reino del norte como el del sur disfrutaban de una prosperidad y una seguridad fronteriza sin precedentes desde los tiempos de Salomón. Pero los que tenían ojos para ver, como nuestros profetas, vieron que el panorama se oscurecía. Internamente, la situación económica y política se volvió más precaria, ya que las luchas dinásticas asolaban a la clase dirigente. Externamente, el resurgimiento de Asiria como superpotencia en la región suponía una amenaza creciente para ambos reinos. De hecho, el ejército asirio destruyó por completo el reino del norte en torno al **721** a.C., y nunca resurgió como entidad política, aunque se pueden encontrar vestigios de su existencia en la identidad samaritana (2 **Re 17:1-18**). Los profetas culpan con razón al pueblo de Israel, y en menor medida al de Judá, por no rendir culto a *Yahvé en* favor de la idolatría y por violar los requisitos éticos de la ley. A pesar de estos fracasos, el pueblo se dejó llevar por una falsa sensación de seguridad debido a su pacto con *Yahvé* de ser Su pueblo.

El sur, bajo el gobierno del rey Ezequías, sobrevivió en cierta medida a la amenaza asiria (**2** Reyes **19**), pero se enfrentó a un desafío aún mayor con el ascenso del imperio babilónico (**2** Reyes **24**). Desgraciadamente, Judá no se arrepintió de su idolatría ni de sus defectos éticos después de escapar por los pelos de los asirios. La derrota final llegó a manos de los babilonios en **587** a.C., lo que provocó la destrucción de la infraestructura social de Judá y la deportación de sus líderes al exilio en el imperio babilónico (2R **24-25**). Los profetas vieron en esta derrota una prueba del castigo de Dios al pueblo. Entre los Doce Profetas, esto se registra más claramente en los libros de Nahum, Habacuc y Sofonías. Reflejan los escritos proféticos de Jeremías y Ezequiel, que también datan de este período. Otros libros aparte de la Biblia recogen sus carreras proféticas (*véase "Jeremías y Lamentaciones y la Obra" y "Ezequiel y la Obra"*), pero no los trataremos aquí.

Ciro, el gran rey persa, derrotó a Babilonia y se hizo con su hegemonía. De acuerdo con la política persa, el imperio permitió a los judíos regresar a su tierra y, lo que quizá sea más importante, reconstruir su templo y otras instituciones importantes (Ez **1**). Todo esto, al parecer, sucedió por voluntad del Imperio persa. Los profetas Ageo, Zacarías y Malaquías hicieron su trabajo durante esta fase de la historia de Israel.

En resumen, los libros de los Doce Profetas abarcan un amplio abanico de circunstancias contextuales en la vida del pueblo de Dios y, por tanto, muestran diferentes casos paradigmáticos en los que es necesario que la fe se manifieste en la obra.

La fe y la obra antes del exilio - Oseas, Amós, Abdías, Joel y Miqueas

Oseas, Amós, Abdías, Joel y Miqueas ejercieron de profetas en el siglo VIII a.C., cuando el Estado estaba bien desarrollado pero la economía estaba en declive. El poder y la riqueza se acumulaban en las clases altas, dejando a una clase social en desventaja. Hay pruebas de que los agricultores empezaron a centrarse en cultivos comerciales que pudieran venderse a la creciente población urbana. Esto tuvo el efecto desestabilizador de dejar a los campesinos con una combinación de cultivos y animales que no podía soportar la pérdida de ningún cultivo o mercado. Las comunidades campesinas se volvieron vulnerables a las fluctuaciones anuales de la producción y, en consecuencia, las ciudades se vieron expuestas a altibajos en su suministro de alimentos (Am **4:6-9**). Cuando los profetas de esta época empezaron a hablar, los días de gloria de los opulentos proyectos de construcción y expansión territorial ya habían pasado. Tales circunstancias eran un caldo de cultivo para la corrupción de aquellos desesperados por aferrarse a su poder y riqueza en declive, y para una brecha cada vez mayor entre ricos y pobres. En consecuencia, los profetas de Dios de este periodo tienen mucho que aportar al mundo del trabajo.

Dios exige una transformación (Oseas 1:1-9; Miqueas 2:1-5)

Dios culpa al pueblo en su conjunto de la corrupción de Israel. Han abandonado la alianza con Dios, lo que rompe tanto su relación con Dios como las estructuras sociales justas de la ley del Señor, y conduce directamente a la corrupción y al declive económico. El término que los profetas utilizan a menudo para describir la violación de la alianza por parte de Israel es *"prostitución"* (por ejemplo, Jr **3,2**; Ez **23**,7). Para dramatizar la situación, Dios toma la metáfora literalmente y ordena al profeta Oseas: *"Toma para ti una ramera y engendra hijos de ramera; porque la tierra ha fornicado gravemente y ha abandonado a Yahveh"* (Os **1:2**). Oseas obedece el mandato de Dios y se casa con una mujer llamada Gomer, que aparentemente cumple el requisito, y tiene tres hijos con ella (Os **1:3**). Esto nos permite imaginar cómo debió de ser formar un hogar y criar hijos con una ramera.

Aunque los profetas utilizan las imágenes de la prostitución y el adulterio, Dios acusa a Israel de corrupción económica y social, no de inmoralidad sexual.

¡Ay de los que planean la iniquidad, de los que traman el mal en sus camas! A la luz de la mañana lo llevan a cabo, porque está en poder de sus manos. Codician campos y se apoderan de ellos, casas y las toman. Roban al dueño y su casa, al hombre y su heredad (Miq **2,1-2**).

Esto hace que la situación de la familia de Oseas sea un ejemplo dramático para los que trabajan en lugares corruptos o imperfectos hoy en día. Dios colocó intencionadamente a Oseas en una situación familiar corrupta y difícil. ¿Es posible que Dios coloque deliberadamente a las personas en lugares de trabajo corruptos y difíciles hoy en día? Si bien es posible buscar un trabajo cómodo con un empleador de buena reputación en una profesión respetable, es posible que podamos lograr mucho más para el reino de Dios trabajando en lugares que han hecho concesiones morales. Si aborreces la corrupción, ¿puedes combatirla más eficazmente trabajando como abogado en un bufete prestigioso o como inspector de edificios en una ciudad asolada por la mafia? No hay respuestas fáciles, pero la llamada de Dios a Oseas sugiere que marcar la diferencia en el mundo es más importante para Dios que mantenerse alejado del pecado. Como escribió Dietrich Bonhoeffer en medio de la Alemania controlada por los nazis: "La *pregunta más importante que debe hacerse un hombre responsable no es cómo salir heroicamente de la situación, sino cómo vivirá la siguiente generación*".

Dios permite el cambio (Oseas 14:1-9; Amós 9:11-15; Miqueas 4:1-5; Abdías 21)

E l mismo Dios que exige el cambio también promete hacerlo posible. *"Está preparada una cosecha, cuando restauraré el bienestar de mi pueblo. Cuando curaré a Israel"* (Os **6,11-7,1**). Los Doce Profetas transmiten el optimismo crucial de que Dios actúa en el mundo para cambiarlo a mejor. A pesar del aparente triunfo del mal, Dios manda en última instancia y *"el reino será del Señor"* (Abd **21**). A pesar de las desgracias que la gente se provoca a sí misma, Dios actúa para restaurar la bondad con la que la vida y el trabajo fueron diseñados desde el principio. Él es *"compasivo y clemente, lento a la cólera y abundante en amor"* (Jl **2,13**). Las profecías finales de Joel, Oseas y Amós ilustran esto en términos económicos explícitos.

Las eras se llenarán de grano, y las tinajas rebosarán de vino nuevo y aceite nuevo... Comeréis hasta saciaros y os saciaréis; y alabaréis el nombre de Yahveh, vuestro Dios, que ha hecho maravillas con vosotros; y mi pueblo nunca se avergonzará. (Joel **2:24, 26**)

[Los israelitas que habiten a su sombra volverán a cultivar trigo y florecerán como la vid. Su gloria será como el vino del Líbano (Os **14:7**).

Restauraré la prosperidad de mi pueblo Israel, y reconstruirán las ciudades desoladas y habitarán en ellas; también plantarán viñas y beberán su vino, y cultivarán huertos y comerán sus frutos. (Am **9,14**)

La palabra de Dios a su pueblo en tiempos de dificultades económicas y sociales es que Él tiene la intención de restaurar la paz, la justicia y la prosperidad si el pueblo vive de acuerdo con los preceptos de su pacto. El medio que Dios decide utilizar es la obra de su pueblo.

El trabajo injusto: Un estudio de Miqueas 1:1-7; 3:1-2

A pesar de las intenciones de Dios, el trabajo está sujeto al pecado humano. El caso más obvio es el trabajo inherentemente pecaminoso. Miqueas menciona la prostitución, en este caso probablemente la que tenía lugar en rituales sagrados, y promete que las ganancias serán quemadas con fuego (Miq **1**:7). Una aplicación sencilla sería excluir la prostitución de las ocupaciones legítimas, aunque pueda ser una opción comprensible para quienes no tienen otra forma de mantenerse a sí mismos y a sus familias. Hay otros trabajos que también plantean la cuestión de si deben realizarse o no. A todos se nos ocurren varios ejemplos, sin duda, y los cristianos harían bien en buscar trabajos que beneficien a los demás y a la sociedad en su conjunto.

Pero Miqueas se dirige a Israel en su conjunto, no sólo individualmente. Critica a una sociedad en la que las condiciones sociales, económicas y religiosas hacen de la prostitución una opción viable. La cuestión no es si es aceptable ganarse la vida mediante la prostitución, sino cómo debe cambiar la sociedad para que nadie sienta la necesidad de dedicarse a un trabajo degradante o perjudicial. Miqueas pide que se responsabilice a los líderes que no reforman la sociedad, no a quienes se ven obligados a realizar trabajos nocivos. Sus palabras son duras. "*Oíd ahora, jefes de Jacob y gobernantes de la casa de Israel: ¿no os corresponde a vosotros conocer la justicia? Vosotros que odiáis el bien y amáis el mal, que arrancáis la piel y la carne de los huesos"* (Miq **3,1-2**).

Existen similitudes y diferencias entre la sociedad de Miqueas y la nuestra. Las soluciones específicas que Dios promete al antiguo pueblo de Israel no son necesariamente las que Dios pretende para nuestro tiempo. Las palabras proféticas de Miqueas reflejan la relación entre la prostitución en los ritos sagrados y los cultos idolátricos de su época. Dios promete poner fin a los males sociales concentrados en los santuarios sectarios. *"Erradicaré de en medio de vosotros vuestras imágenes talladas y vuestras columnas sagradas, y ya no os inclinaréis ante la obra de vuestras manos. Desarraigaré de en medio de vosotros vuestros áseres y destruiré vuestras ciudades"* (Miq **5,13-14**). En nuestros días, necesitamos la sabiduría de Dios para encontrar soluciones eficaces a los factores sociales actuales que fomentan el trabajo pecaminoso y opresivo.

Trabajar injustamente (Oseas 4:1-10; Amós 5:10-15; 8:5-6; Joel 2:28-29)

Cuando los profetas hablan de fornicación, casi nunca se refieren sólo a este tipo concreto de obra. A menudo lo usan también como metáfora de la injusticia, que por su propia naturaleza es infidelidad a la alianza de Dios (Os 4:7-10). Con un recordatorio general de que los salarios pueden ganarse injustamente, Amós acusa a los comerciantes que utilizan productos de calidad inferior, pesos falsos y otros engaños para obtener beneficios a expensas de los consumidores vulnerables. Formula varias acusaciones específicas contra las prácticas laborales israelitas porque el trabajo en Israel se ha vuelto injusto y opresivo (Am 5:7). Allí, los que denuncian la corrupción y la explotación -o incluso los que simplemente dicen la verdad- son silenciados (Am 5:10). Los hombres de negocios utilizan su poder para explotar a los pobres y a los débiles (Am 5:11). La ley no es obstáculo para su explotación porque hay muchos funcionarios dispuestos a aceptar sobornos para ignorar la situación. De hecho, el gobierno ha abdicado por completo de su responsabilidad de ocuparse de los pobres (Am 5:12). En todos estos casos, el problema no es que los israelitas tengan trabajos que sean intrínsecamente malos; el problema es que tergiversan los oficios que Dios quiere que usen para el bien -negocios, bienes raíces, leyes y gobierno- convirtiéndolos en formas de opresión. Se preguntan cuándo es el momento de *"acortar el efa, y aumentar el siclo [hacer trampas con las medidas], y engañar con balanzas falsas; comprar al pobre y al necesitado por el precio de un par de sandalias, y vender el desecho del trigo*" (Am **8:5-6**).

Muchas de las profesiones actuales, con las que la gente se gana la vida legítimamente, pueden llegar a ser injustas por la forma en que se ejercen. ¿Debe un fotógrafo fotografiar cualquier cosa que le pida un cliente sin tener en cuenta el efecto que tendrá en sí mismo y en los demás que verán el resultado? ¿Debe un cirujano realizar cualquier tipo de cirugía electiva por la que un paciente esté dispuesto a pagar? ¿Es responsable un agente hipotecario de asegurarse de que un prestatario potencial tiene capacidad para devolver el préstamo sin dificultades excesivas? ¿Es correcto no ayudar a los colegas que fracasan porque su fracaso nos hace parecer mejores en comparación? Si nuestro trabajo es una forma de servicio a Dios, no podemos ignorar estas cuestiones. Sin embargo, debemos tener cuidado de no creer que existe una jerarquía de ministerios. La afirmación de los profetas no es que algunos tipos de trabajo sean más piadosos que otros, sino que todo tipo de trabajo debe realizarse como contribución a la obra de Dios en el mundo. Dios promete que "*en aquellos días derramaré mi Espíritu sobre los siervos y sobre las siervas*" (Joel **2:29**).

La Interdependencia de los Individuos y las Comunidades (Amós 8:1-6; Miqueas 6:1-16)

L a equidad en el lugar de trabajo no es sólo una cuestión individual. Los individuos tienen la responsabilidad de garantizar que todos los miembros de la sociedad tengan acceso a los recursos necesarios para ganarse la vida. La forma más clara en que Amós critica a Israel por su injusticia en este sentido es mediante una alusión a la ley de espigar. Espigar es el proceso de recoger el grano que sobra en un campo después de que hayan pasado los segadores. Según el pacto entre Dios e Israel, los campesinos no podían espigar en sus propios campos, sino que debían permitir que los pobres (literalmente, *"viudas y huérfanos"*) espigaran en sus campos para su sustento (Dt. **24:19**). Esto creó una forma rudimentaria de bienestar social basada en dar a los pobres la oportunidad de trabajar (espigar) para que no tuvieran que mendigar, robar o pasar hambre. Espigar es una forma de participar en la dignidad del trabajo, incluso para quienes no pueden participar en el mercado laboral por falta de recursos, desorganización socioeconómica, discriminación, discapacidad u otros factores. Dios no sólo quiere que se satisfagan las necesidades de todos, sino también que todos tengan la dignidad de trabajar para satisfacer sus necesidades y las de los demás.

Amós se queja de que se viola este mandamiento. Los campesinos no dejan el grano sobrante en sus campos para que lo recojan los pobres (Miq **7,1-2**). En lugar de ello, optan por vender a los pobres la paja, el desecho que queda después de la trilla, a un precio exorbitante. "*Oíd esto, vosotros que pisoteáis al necesitado y queréis destruir a los pobres de la tierra*", les acusa Amós de vender "*el desecho del trigo*" (Am **8,4.6**), y les reprocha que esperen con impaciencia el final del sábado para poder seguir vendiendo este producto comestible barato y adulterado a quienes no tienen otra opción (Am **8,5**).

Además, engañan incluso a los que pueden comprar grano puro, como demuestran las balanzas fraudulentas del mercado. Se jactan: Haremos más pequeño el efa [el trigo que se vende] y más grande el siclo [el precio de venta]. Miqueas proclama el juicio de Dios contra el comercio injusto. "*¿Acaso puedo yo justificar balanzas falsas y bolsas de pesas engañosas?*", dice el Señor (Miq **6,11**). Esto nos dice claramente que la justicia no es sólo una cuestión de derecho penal y expresión política, sino también de oportunidades económicas. La capacidad de trabajar para satisfacer las necesidades individuales y familiares es esencial para el papel del individuo en la alianza. La justicia económica es un componente fundamental de la famosa y resonante afirmación de Miqueas apenas tres versículos antes: "*Y qué pide Yahveh de ti, sino que hagas justicia, ames la misericordia y camines humildemente con tu Dios*" (Miqueas **6:8**). Dios exige de su pueblo, como aspecto cotidiano de su caminar con Él, que ame la misericordia y haga justicia, individual y socialmente, en todos los aspectos del trabajo y de la vida económica.

Trabajo y devoción (Miqueas 6:6-8; Amós 5:21-24; Oseas 4-11)

A los ojos del profeta, la justicia no es simplemente una cuestión secular. El llamamiento de Miqueas a la justicia en el versículo **6:8** sigue a la observación de que la justicia es mejor que los sacrificios religiosos extravagantes (Miq **6:6-7**). Oseas y Amós desarrollan este punto. A través de Amós, Dios se opone a la separación entre el cumplimiento religioso y la acción ética.

Aborrezco y desprecio vuestras fiestas, ni me deleito en vuestras asambleas solemnes. Aunque me ofrezcáis holocaustos y vuestras ofrendas de grano, no los aceptaré, ni tendré en cuenta las ofrendas de paz de vuestros animales cebados. Apartad de mí el ruido de vuestros cantos, pues ni siquiera escucharé la música de vuestras arpas. Que corra el derecho como las aguas, y la justicia como un torrente inagotable (Am **5,21-24**).

Oseas nos muestra más profundamente la relación entre estar espiritualmente arraigados y hacer un buen trabajo. El buen trabajo fluye directamente de la fidelidad a la alianza de Dios y, a la inversa, el mal trabajo nos aleja de la presencia de Dios.

Escuchad la palabra del SEÑOR, hijos de Israel, porque el SEÑOR tiene un pleito con los habitantes de la tierra, porque en la tierra no hay fidelidad, ni misericordia, ni conocimiento de Dios. Sólo hay perjurio, mentira, asesinato, robo y adulterio. Usan la violencia, y el asesinato sigue al asesinato. Por eso llora la tierra, y languidece todo el que la habita, junto con las bestias del campo y las aves del cielo; hasta los peces del mar perecen... Mi pueblo es destruido por falta de conocimiento. Porque has rechazado el conocimiento, yo también te rechazaré a ti, para que no seas mi sacerdote; porque has olvidado la ley de tu Dios, yo también olvidaré a tus hijos. (Os **4,1-3.6**)

En verdad, si nos negamos a hacer obras justas, éticas y buenas, se pone en duda nuestra pretensión de ser adoradores de Dios. Si apartamos un día a la semana para adorar a Dios, pero luego ignoramos Sus caminos los otros seis días, ¿representa ese único día de adoración lo que realmente somos? Oseas se queja de que la maldad del trabajo de Israel desmiente su adoración a Dios. Su trabajo es fraudulento, ejemplificado por los guardias fronterizos que se mueven para engañar a sus vecinos y quitarles parte de su tierra (Os **5:10**). Practican el engaño (Os **7:1**), aun cuando profesan adorar al Señor (Os **8:13-14**) y no cumplen sus promesas (Os **10:4**). Para validar su maldad, establecen alianzas políticas con potencias extranjeras opresoras (Os **11:5-12:1**). Abusan de la capacidad de trabajo que Dios les ha dado (Os **13:2**). Parecen religiosos pero no obedecen a Dios (Os **11:7**). Su corrupción e injusticia en el trabajo son en realidad signos de que se han convertido en devotos de dioses falsos (Os **9:7-17**).

Esto nos recuerda que el mundo del trabajo no está separado del resto de la vida. Si no trabajamos de acuerdo con los valores y prioridades de la Alianza de Dios, nuestra vida y nuestro trabajo serán ética y espiritualmente incoherentes. Cómo trabajamos durante la semana no es tanto una cuestión de si somos obedientes al Dios que adoramos, sino de si realmente adoramos a Dios. Si Dios no es el Dios de nuestras vidas cada día, entonces es probable que no sea realmente nuestro Dios el domingo. Si no agradamos a Dios en nuestro trabajo, no podremos agradarle en nuestro culto.

Apatía debida a la riqueza (Amós 3:9-15; 6:1-7)

Los profetas critican a aquellos cuya riqueza les lleva a abandonar el trabajo por el bien común y a los que abandonan todo sentido de la responsabilidad por el prójimo. Amós vincula la riqueza ociosa con la opresión cuando acusa a los ricos ociosos de hacer el mal, ser violentos y robar (Am **3,10**). Dios acabará rápidamente con la riqueza de esa gente. Dice: *"También derribaré la casa de invierno con la casa de verano; también perecerán las casas de marfil"* (Am **3,15**). Amós lanza una ráfaga de severas críticas contra el lujo de *"los que habitan a sus anchas en Sión"* (Am **6,1**), señalando que viven tranquilamente mientras *"se acuestan en sus camas"* (Am **6,4**) e *"improvisan al son del arpa"* (Am **6,5**). Cuando Dios castiga a Israel, *"ahora irán al destierro a la cabeza de los desterrados"* (Am **6,7**).

Hoy oímos quejas sorprendentemente similares contra quienes tienen riqueza pero no la utilizan para el bien. Esto se aplica tanto a los individuos como a las empresas, gobiernos y otras instituciones que utilizan su riqueza para explotar la vulnerabilidad de los demás en lugar de crear algo útil acorde con su riqueza. Muchos cristianos -quizás la mayoría en Occidente- tienen cierta capacidad para cambiar estas cosas, al menos en su entorno laboral inmediato. Las palabras de los profetas son un desafío y un estímulo constantes para preocuparnos profundamente por la forma en que nuestro trabajo y nuestra riqueza sirven -o no sirven- a las necesidades de quienes nos rodean.

La fe y el trabajo de Nahum, Habacuc y Sofonías en el exilio

Nahum, Habacuc y Sofonías profetizaron en una época en que el reino del sur estaba en rápida decadencia. Las disensiones internas y la presión externa del próspero Imperio babilónico hicieron que Judá se convirtiera en un estado vasallo de Babilonia. Poco después, en **587** a.C., una insensata rebelión atrajo la ira de los babilonios sobre ellos, lo que provocó el colapso del estado de Judá y la deportación de la élite al corazón del imperio babilónico (2R **24-25**). En el exilio, el pueblo de Israel tuvo que encontrar la manera de ser fiel a pesar de estar separado de sus principales instituciones religiosas, como el templo, el sacerdocio e incluso la tierra. Si, como hemos visto, los seis primeros libros tratan de los efectos del pecado del pueblo, Nahum, Habacuc y Sofonías se refieren al castigo resultante del pecado durante este período.

El castigo de Dios en el trabajo (Nahum 1:1-12; Habacuc 3:1-19; Sofonías 1:1-13)

La principal contribución de Nahum es aclarar que el desastre político y económico es el castigo o la disciplina de Dios para Israel. Dios declara que los ha afligido (Nah **1:12**). Habacuc y Sofonías explican que una parte importante del castigo de Dios es la disminución de la capacidad del pueblo para ganarse la vida satisfactoriamente.

No brotará la higuera, ni habrá fruto en las viñas; el olivo no dará su fruto, ni los campos producirán sus cosechas; no saldrá el rebaño del redil, ni habrá manada en los establos (Hab **3,17**).

Todo el pueblo de Canaán será silenciado, y todos los que pesan plata serán eliminados (Sof **1:11**).

Entonces, ¿son los desastres políticos, económicos y naturales de hoy un castigo de Dios? Hay muchas personas dispuestas a afirmar que ciertos desastres son signos de la ira de Dios. El gobernador de Tokio y un presentador de noticias de MSNBC atribuyeron el terremoto y el tsunami de **2011** en Japón a un castigo divino. Pero a menos que nos unamos a las filas de los Doce o de los demás profetas de Israel, no deberíamos declarar a la ligera que la ira de Dios se manifiesta en los acontecimientos mundiales. ¿Fue Dios mismo quien reveló las razones del tsunami a estos comentaristas, o sacaron ellos sus propias conclusiones? ¿Reveló Su propósito a un número considerable de personas con mucha antelación, a lo largo de muchos años, como hizo con los profetas de Israel, o llegó a una o dos personas al día siguiente? Los que proclaman el juicio de Dios en los tiempos modernos, ¿fueron, como los profetas, provocados por años de sufrimiento junto con los afligidos, como fue el caso de Jeremías, los Doce y los demás profetas del antiguo pueblo de Israel?

Trabajo idolátrico (Habacuc 2:1-20; Sofonías 1:14-18)

La culpa del castigo la tiene el propio pueblo. Han trabajado infielmente, convirtiendo buenos materiales de piedra, madera y metal en ídolos. Pero el trabajo de hacer ídolos no vale nada, por muy costosos que sean los materiales o por muy bien hechos que estén los resultados.

De qué sirve el ídolo que su hacedor ha esculpido, o la imagen fundida, maestra de mentiras, si su hacedor confía en su obra cuando hace ídolos mudos (Hab. **2:18**).

Como dice Sofonías: *"Ni su plata ni su oro podrán librarlos"* (Sof **1,18**). La fidelidad no es algo superficial que nos lleva a adorar a Dios mientras trabajamos. Es el acto de hacer de las prioridades de Dios nuestras prioridades en el trabajo. Habacuc nos recuerda que *"Yahveh está en su santo templo; calle ante él toda la tierra"* (Hab **2,20**). Este silencio no es sólo un cumplimiento religioso, sino que implica silenciar nuestras propias ambiciones, miedos y motivaciones perversas para que las prioridades del pacto de Dios puedan convertirse en nuestras prioridades. Pensemos en lo que les espera a quienes defraudan a otros en la banca y las finanzas.

"¡Ay del que aumenta lo que no es suyo (¿por cuánto tiempo?) y se enriquece pidiendo prestado!". ¿No se levantarán de repente tus acreedores y se despertarán tus cobradores? Ciertamente serás presa de ellos (Hab **2,6-7**).

Los que atesoran sus ganancias mal habidas en bienes inmuebles, un fenómeno que parece constante a lo largo de los tiempos, también son trampas para sí mismos.

¡Ay del que hace ganancia ilícita para su casa, para poner su nido en alto, para librarse de la mano de la calamidad! Ha ideado una cosa vergonzosa para su casa, destruyendo a muchos pueblos, pecando contra sí mismo. Ciertamente la piedra gritará desde el muro, y la viga le responderá desde el armazón (Hab **2,9-11**).

Las personas que se aprovechan de la vulnerabilidad de los demás también se juzgan a sí mismas.

Ay de aquel que da de beber a su prójimo; ¡ay de ti, que mezclas tu veneno hasta embriagarlo, para contemplar su desnudez! Serás colmado de deshonor antes que de gloria. Bebe tú también y muestra tu desnudez. La copa de la diestra del Señor volverá sobre ti, y la vergüenza sobre tu gloria (Hab **2,15-16**).

El trabajo que oprime o se aprovecha de los demás acaba provocando su propia ruina.

Puede que hoy no hagamos ídolos con los materiales preciosos ante los que nos inclinamos, pero el trabajo también puede ser idolátrico si creemos que somos capaces de producir nuestra propia salvación. La esencia de la idolatría *"es confiar en algo hecho por tus propias manos"* (Hab **2:18**, NTV, comparar con NKJV arriba) en lugar de confiar en el Dios que nos creó para trabajar con Su guía y poder. Si codiciamos el poder y la influencia porque creemos que sin nuestra sabiduría, habilidad y liderazgo nuestro grupo de trabajo, nuestra empresa, organización o nación están destinados al fracaso, nuestra ambición es una forma de idolatría. Por el contrario, si deseamos poder e influencia para llevar a otros a una red de servicio en la que todos produzcan los dones de Dios para el mundo, entonces nuestra ambición es una forma de fidelidad. Si nuestra respuesta al éxito es felicitarnos a nosotros mismos, estamos practicando la idolatría. Si nuestra respuesta es la gratitud, estamos adorando a Dios. Si nuestra reacción ante el fracaso es la desolación, estamos sintiendo el vacío de un ídolo roto. Pero si nuestra reacción es la fe para intentarlo de nuevo, estamos experimentando el poder salvador de Dios.

Fidelidad en medio del trabajo (Habacuc 2:1; Sofonías 2:1-4)

En el exilio se produce otra dinámica. A pesar del énfasis en el castigo en Nahum, Habacuc y Sofonías, la gente también comenzó a reaprender a trabajar en fiel servicio a Dios durante este tiempo. Esto se explora más a fondo en otros capítulos, como *"Jeremías y Lamentaciones y el trabajo"* y *"Daniel y el trabajo"*, pero también está implícito aquí en los libros de los Doce. El punto clave es que, incluso en las desgarradoras circunstancias del exilio, sigue siendo posible ser fiel. Cuando Habacuc vio la carnicería a su alrededor y sin duda deseó estar en otro lugar, optó por permanecer en su puesto y escuchar la palabra de Dios (Hab **2:1**). Pero es posible hacer algo más que quedarse en el puesto, por valioso que sea. También podemos encontrar la manera de ser justos y humildes.

Buscad al Señor, todos los humildes de la tierra que habéis guardado sus mandamientos; buscad la justicia, buscad la humildad. Tal vez os salvéis en el día de la ira del Señor (Sof **2,3**).

No hay lugares de trabajo ideales. Algunos son profundamente difíciles para el pueblo de Dios, con compromisos en muchos sentidos, mientras que otros son defectuosos en aspectos más generales. Pero incluso en lugares de trabajo difíciles, podemos ser testigos fieles de los propósitos de Dios, tanto en la calidad de nuestra presencia como en la calidad de nuestro trabajo. Habacuc nos recuerda que, por infructuoso que pueda parecer nuestro trabajo, Dios está ahí con nosotros, dándonos una alegría que ni siquiera las peores condiciones laborales podrían apagar por completo.

Aunque la higuera no brota,

y no hay fruto en la vid;

Aunque el olivo no da su fruto

y los campos no producen alimentos;

Aunque no haya ovejas en el redil

y las vacas no están en sus establos,

pero me regocijaré en el Señor,

Me regocijaré en el Dios de mi salvación.

El Señor Dios es mi fuerza;

Ha hecho mis pies como los pies de un asno,

Me hace caminar por las alturas (Hab. 3, 17-19).

O, como lo parafrasea Terry Barringer,

Aunque el contrato haya finalizado,

Y no hay puestos de trabajo disponibles;

Aunque no hay demanda para mis habilidades,

Y nadie publica mi trabajo.

Aunque se acaben los ahorros,

Y la pensión no es suficiente para mantenerme;

Seguiré regocijándome en el Señor,

Me regocijaré en el Dios de mi salvación.

Como señala el versículo **19**, es posible obrar bien incluso en medio de circunstancias difíciles, porque el Señor es nuestra fuerza. La fidelidad no consiste sólo en soportar las dificultades, sino en mejorar incluso la peor situación en todo lo que podamos.

La fe y el trabajo después del exilio - Hageo, Zacarías y Malaquías

Cuando terminó el exilio, la vida civil y religiosa judía fue restaurada en la tierra prometida por Dios. Jerusalén y su templo fueron reconstruidos, junto con la infraestructura económica, social y religiosa de la sociedad judía. En consecuencia, los libros de los Doce mencionan ahora los retos del trabajo que sigue al pecado y al castigo.

La necesidad de capital social (Hageo 1:1-2:19)

Uno de los retos a los que nos enfrentamos en el lugar de trabajo es la tentación de anteponernos a nosotros mismos y a nuestras familias por encima de la comunidad. El profeta Ageo pinta un cuadro vívido de este desafío. Se enfrenta a personas que, mientras trabajan duro para reconstruir sus propios hogares, no contribuyen con recursos a la reconstrucción del templo, el centro de la sociedad judía. *"¿Es tiempo de que habitéis en vuestras casas de casetones mientras esta casa está desolada?".* (Hg **1:4**). Dice que no invertir en capital social reduce en realidad la productividad individual.

Sembráis mucho, pero cosecháis poco; coméis, pero no hay bastante para saciaros; bebéis, pero no hay bastante para embriagaros; os vestís, pero nadie se calienta; y el que recibe salario, recibe salario en una bolsa rota. (Hg **1:6**)

Pero a medida que el Señor despierta el espíritu del pueblo y de sus líderes, éstos comienzan a invertir en la reconstrucción del templo y del tejido social (Hg **1:14-15**).

Invertir en capital social nos recuerda que no existe el *"hombre que ha salido adelante por su propio esfuerzo"*. Aunque el esfuerzo individual puede acumular grandes riquezas, cada uno de nosotros depende de recursos e infraestructuras sociales que, en última instancia, proceden de Dios. *"Llenaré de gloria esta casa"*, dice el Señor de los ejércitos. *"Mía es la plata y mío es el oro"*

- declara el Señor de los ejércitos (**2:7-8**). La prosperidad no es sólo -ni siquiera principalmente- una cuestión de esfuerzo personal, sino de una comunidad basada en la alianza con Dios. *"La gloria postrera de esta casa será mayor que la primera"*, dice el Señor de los ejércitos (Heb **2,9**).

Somos tontos si pensamos que tenemos que mantenernos a nosotros mismos antes de poder dedicar tiempo a Dios y a la comunión con su pueblo. La verdad es que no podemos mantenernos si no es por la gracia de la generosidad de Dios y el trabajo mutuo de su comunidad. Este es el mismo concepto que subyace al diezmo. No es un sacrificio dar el diez por ciento de una cosecha, sino una bendición del cien por cien de la asombrosa productividad de la creación de Dios.

En nuestros días, esto nos recuerda la importancia de invertir recursos en los aspectos materiales de la vida. Las necesidades físicas como la vivienda, la comida, los coches y otras son importantes, pero Dios provee lo suficiente en abundancia como para que también podamos invertir en aspectos como el arte, la música, la educación, la naturaleza, la recreación y las muchas formas de alimentar el alma. Al igual que el empresario o el carpintero, quienes trabajan en las artes, las humanidades o la recreación, o quienes dan dinero para construir parques, patios de recreo y teatros, hacen una contribución igualmente importante al mundo que Dios ha creado.

Esto también sugiere que invertir en las iglesias y en la vida eclesiástica es crucial para fortalecer el trabajo de los cristianos. El culto en sí está estrechamente relacionado con la realización de un buen trabajo, como hemos visto, y quizá deberíamos dedicarnos a un culto que dé forma a un buen trabajo, no sólo a la devoción o al disfrute privado. Además, la comunidad cristiana podría ser una fuerza poderosa para el bien económico, cívico y social si aprendiera a hacer valer el poder espiritual y ético de la Palabra de Dios en cuestiones de trabajo en los ámbitos económico, social, gubernamental, académico y científico.

El trabajo, el culto y el entorno: Hageo 1:1-2:19; Zacarías 7:8-14

Hageo establece la conexión entre el bienestar social y económico del pueblo y el estado del medio ambiente. En un juego de palabras muy evidente en la lengua hebrea, Hageo relaciona la desolación del templo (*"desolado"*, término hebreo hareb, Hg **1:9**) con la desolación de la tierra y sus cosechas (*"sequía"*, término hebreo horeb) y la consiguiente ruina del bienestar general de *"los hombres, los ganados y todo el trabajo de vuestras manos"* (Hg **1:11**). El elemento clave en esta relación es el estado del templo, que se convierte en un indicador de la fidelidad o infidelidad religiosa del pueblo. Existe una triple relación entre el culto, la salud socioeconómica y el medio ambiente. Si hay una enfermedad en nuestro entorno físico, hay una enfermedad en la sociedad humana, y uno de los signos del malestar de una sociedad es su contribución a la enfermedad del medio ambiente.

También existe una relación entre la condición económica y política de una comunidad y la forma en que venera y cuida la tierra. Los profetas nos llaman a recordar que el respeto al Creador de la tierra en la que vivimos es un punto de partida para la paz entre la tierra y sus habitantes. Para Ageo, existe una relación entre la sequía de la tierra y la ruina del templo. El culto verdadero y sincero abre la puerta a la paz y a la bendición de la tierra.

Desde el día en que se pusieron los cimientos del Templo del Señor, considera bien: "*¿Está aún la semilla en el granero? La vid, la higuera, el granado y el olivo aún no han dado fruto; pero desde hoy os bendeciré*". (Hg **2,18-19**)

Zacarías también señala una conexión entre el pecado humano y la desolación de la tierra. Los poderosos oprimen a la viuda, al huérfano, al extranjero y al pobre (Zac **7:10**). "*Y endurecieron su corazón como diamantes, para no escuchar la ley ni las palabras que enviaba Yahveh de los ejércitos*" (Zac **7,12**). Como resultado, el medio ambiente se degradó y "*convirtieron la tierra deseable en desolación*" (Zac **7:14**). Joel, sin embargo, había observado los comienzos de esta degradación mucho antes del exilio: "*La vid se seca, la higuera se marchita, el granado, la palmera, el manzano, todos los árboles del campo se marchitan. La alegría de los hijos de los hombres se ha secado*" (Joel **1,12**).

Dada la importancia del trabajo y de las prácticas laborales para el bienestar del medio ambiente, los cristianos podríamos tener un impacto profundamente beneficioso en el planeta y en todos los que lo habitan si trabajáramos según la visión de los Doce Profetas. Los fieles tienen la urgente responsabilidad medioambiental de aprender formas concretas de fundamentar su trabajo en el culto a Dios.

La extensa profecía de Hageo sobre la pureza (Hg **2:10-19**) también indica una relación entre la pureza y el bienestar de la tierra. Dios se queja de que, debido a la impureza del pueblo, "*toda obra de sus manos y lo que ofrecen aquí es impuro*" (Hg **2:14**). Esto forma parte de una relación más global entre el culto y el bienestar del medio ambiente. Una posible aplicación es que un medio ambiente puro es un medio ambiente que es tratado de forma sostenible por aquellos a quienes Dios ha dado la responsabilidad de su bienestar, es decir, la humanidad. Así pues, la pureza implica un respeto básico por la integridad de todo el orden creado, la salud de su ecosfera, la viabilidad y el bienestar de sus especies y la renovabilidad de su productividad. Y así, volvemos a la cuestión de los cristianos y las prácticas laborales responsables.

Por lo tanto, si la desolación es parte del castigo de Dios por el pecado del pueblo registrado en el libro de los Doce, entonces la tierra productiva es parte de la restauración. De hecho, en circunstancias muy diferentes, Zacarías tuvo una visión similar a la de Amós durante la época de prosperidad de Israel, en la que el pueblo experimenta el bienestar sentándose bajo las higueras que había plantado. "*Aquel día*", declara el Señor de los ejércitos, "*invitaréis cada uno a su prójimo bajo su vid y bajo su higuera*" (Zac **3,10**). La paz con Dios incluye el cuidado de la tierra que Dios ha creado. La tierra productiva, por supuesto, hay que trabajarla para obtener el fruto y, por tanto, el mundo del trabajo está íntimamente relacionado con la materialización de la vida abundante.

El pecado y la esperanza siguen presentes en la obra (Malaquías 1:1-4:6)

Incluso en la época de la restauración, el pecado humano sigue existiendo. Malaquías, el tercero de los profetas de la restauración, se queja de que algunas personas están empezando a lucrarse explotando a los más vulnerables de la sociedad israelita, especialmente estafando a los trabajadores con sus salarios (Mal **3:5**). Dios mismo les dice que cuando defraudan a otros, *"me robáis a mí"* (Mal **3:8**, énfasis añadido). No es de extrañar que estas personas también contaminen el culto en el templo al ahorrarse lo que aportan en ofrendas (Mal **1:8-19**), y que el medio ambiente se vea afectado como consecuencia de ello (Mal **3:11**).

Sin embargo, la esperanza de los profetas permanece, y en su centro está la obra. Comienza con la promesa de restaurar la infraestructura religiosa y social del templo.

He aquí que yo envío mi mensajero, y él preparará el camino delante de mí. El Señor a quien buscáis vendrá súbitamente a su templo, y el mensajero de la alianza en quien os complacéis, he aquí que viene, dice el Señor de los ejércitos (Mal **3,1**).

Y continúa con la restauración del medio ambiente. Dios promete: *"Reprenderé al devorador"* (Mal **3:11a**) y añade que será *"una tierra de delicias"* (Mal **3:12**). La gente trabaja con principios éticos (Mal **3:14, 18**), y uno de los resultados es que se restaura la economía, incluyendo "*el fruto de la tierra*" y "*tu vid en el campo*" (Mal **3:11**).

Jonás y la bendición de Dios para todas las naciones

C omo se ha señalado en la introducción, el libro de Jonás es atípico entre los Doce Profetas porque su historia no se desarrolla en Israel, el texto no está fechado ni contiene predicciones proféticas, y la atención no se centra en el pueblo al que es enviado el profeta, sino en su experiencia personal. Sin embargo, Jonás coincide con los demás profetas en que Dios actúa en el mundo (Jn **1,2.17**; **2,10**) y que la fidelidad (o infidelidad) a Dios mantiene una relación tripartita entre el culto, la salud socioeconómica y el medio ambiente. Cuando los marineros rezan al Señor y obedecen Su palabra, el mar se calma y Dios proporciona lo necesario para que los marineros y Jonás se recuperen (Jn **1:14-17**). Cuando Jonás vuelve a adorar como es debido, el Señor restablece el orden en el entorno: los peces en el mar y la gente en tierra firme (Jon **2:7-10**). Cuando Nínive decide escuchar al Señor, los animales y los seres humanos se unen en armonía y cesan las violaciones socioeconómicas (Jon **3:4-10**). Aunque el contexto de Jonás es diferente al del resto de los Doce Profetas, su lección no lo es. Las aportaciones especiales del libro de Jonás son (**1**) el enfoque en la llamada y la respuesta del profeta, y (**2**) el reconocimiento de que la obra de Dios para bendecir a Israel no es contra otras naciones, sino que Él desea bendecir a otras naciones a través de Israel.

La llamada y la respuesta de Jonás
(Jonás 1:1-17)

Al igual que los Doce Profetas, el libro de Jonás comienza con una llamada de Dios (Jon **1:1-2**). Sin embargo, a diferencia de los demás, Jonás rechaza esta llamada e intenta tontamente escapar de la presencia del Señor embarcando en una nave con destino a tierra extranjera (Jon **1:3**). Como hemos visto a lo largo del libro de los Doce, romper el pacto con Dios tiene consecuencias tangibles, y las acciones de los individuos siempre afectan a la comunidad. Dios envía una tempestad que, en primer lugar, arruina las perspectivas comerciales de los marineros al obligarles a arrojar todos sus bienes al mar para aligerar la carga (Jn **1,5**). Y, por último, amenaza sus propias vidas (Jn **1, 11**). La tormenta se calma y el peligro para la comunidad desaparece sólo cuando Jonás sugiere que los arrojen al mar (Jn **1, 12-15**), lo que los marineros aceptan a regañadientes.

El propósito de una llamada de Dios es servir a los demás, y la llamada de Jonás es beneficiar a Nínive. Cuando rechaza la guía de Dios, no sólo se debilita el pueblo al que está llamado a servir, sino que también sufren los que le rodean. Cuando aceptamos que todos estamos llamados a servir a Dios en nuestro trabajo -que puede ser diferente del de Jonás, pero no menos importante para Dios- reconocemos que, cuando no lo hacemos, perjudicamos a nuestras comunidades. Cuanto mayores son nuestros dones y talentos, mayor es el daño que podemos causar al rechazar la dirección de Dios en nuestro trabajo. Ciertamente conocemos a personas cuyas prodigiosas habilidades les permiten hacer un gran daño en los negocios, el gobierno, la sociedad, la ciencia, la religión y todo lo demás. Imaginemos el bien que podrían haber hecho, el mal que podrían haber evitado, si primero hubieran sometido sus capacidades a la adoración y al servicio del Señor. Nuestros dones pueden parecer insignificantes en comparación, pero imagina el bien que podríamos hacer y el mal que podríamos evitar si hiciéramos nuestro trabajo como un servicio de por vida a Dios.

La bendición de Dios a todas las naciones (Jonás 1:16; 3:1-4:2)

Jonás desobedece la llamada de Dios porque se opone al deseo del Señor de bendecir a los enemigos de Israel, la nación de Asiria y su capital, Nínive. Cuando finalmente cede y su misión tiene éxito, se muestra consternado por la misericordia de Dios hacia ellos (Jn **4,1-2**). Esto es comprensible, ya que Asiria estaba conquistando el reino del norte de Israel en ese momento (2 **Re 17:6**), y Jonás fue enviado a bendecir al pueblo que detestaba. Pero ésta es la voluntad de Dios. Aparentemente, el deseo de Dios es usar al pueblo de Israel para bendecir a todas las naciones, no sólo a ellos mismos. (Véase "Bendición *para todas las naciones*", Jeremías **29,** en "*Jeremías y Lamentaciones y la Obra*", más arriba).

¿Es posible que cada uno intente poner sus propios límites al alcance de la bendición de Dios a través de su trabajo? A menudo creemos que debemos acaparar para nosotros los beneficios de nuestro trabajo, no sea que otros obtengan ventaja sobre nosotros. Podemos recurrir al secreto y al engaño, a la trampa y a los atajos, a la explotación y a la intimidación en un esfuerzo por adelantarnos a nuestros rivales en el trabajo. Parece que aceptamos como un hecho la suposición no demostrada de que nuestro éxito en el trabajo debe producirse a expensas de los demás. ¿Nos hemos convencido de que el éxito es un juego de suma cero?

La bendición de Dios no es un cubo de capacidad limitada, sino una fuente desbordante. *"Pruébame ahora"*, dice el Señor de los ejércitos, *"si no te abro las ventanas del cielo y derramo bendición hasta que rebose"* (Mal **3,10**). A pesar de la competencia, la escasez de recursos y la malicia con que a menudo nos enfrentamos en el lugar de trabajo, la misión de Dios para nosotros no es algo tan trivial como la supervivencia contra viento y marea, sino la transformación milagrosa de nuestros lugares de trabajo para alcanzar la creatividad y la productividad, las relaciones y la armonía social, y el equilibrio medioambiental que Dios planeó desde el principio.

Aunque al principio Jonás se niega a participar en la bendición de Dios sobre sus adversarios, su fidelidad a Dios acaba superando su desobediencia. Finalmente, decide advertir a Nínive y, para su disgusto, sus ciudadanos responden apasionadamente a su mensaje. Toda la ciudad, *"desde el mayor hasta el menor"* (Jon **3,5**), desde el rey y sus nobles hasta la gente de la calle y los animales de sus rebaños, decide obedecer y *"cada uno se convirtió de su mal camino y de la violencia que tenía en sus manos"* (Jon **3,8**). *"Y los habitantes de Nínive creyeron a Dios"* (Jon **3:5**), y cuando *"vio Dios sus obras, que se convirtieron de su mal camino; entonces Dios se arrepintió del mal que había dicho que les haría, y no lo hizo"* (Jon **3:10**).

Esto desanima a Jonás porque quiere determinar los resultados de la obra a la que Dios le ha llamado. Quiere que Nínive sea castigada en vez de perdonada, juzga duramente los resultados de su propio trabajo (Jon **4,5**) y echa de menos la alegría de los demás. ¿Hacemos nosotros lo mismo? Cuando nos lamentamos de la aparente falta de sentido y éxito de nuestro trabajo,

¿olvidamos que sólo Dios puede ver el verdadero valor de nuestra labor?

Es posible que la dureza de corazón de Jonás estuviera motivada por la preocupación por su reputación. Proclamó la palabra de Dios de que "*Nínive será arrojada a la tierra*" (Jon **3:4**), pero al final no sucedió así. Incluso si fue su propio mensaje el que llevó al pueblo de Nínive a arrepentirse y evitar la destrucción, ¿es posible que Jonás sintiera que su credibilidad había quedado dañada? Esta idea parece estar en el centro de su queja en Jonás **4:2**. Él proclamó lo que Dios le dijo que hiciera. Él proclamó lo que Dios le dijo que proclamara, pero Dios cambió de opinión e hizo que Jonás quedara como un tonto. Dios está dispuesto a "arrepentirse *del mal que amenaza*", pero Jonás no está dispuesto a parecer un tonto, aunque eso signifique perdonar la vida a **128.000** personas. Como Jonás, es bueno preguntarnos si nuestras actitudes y acciones en el trabajo tienen más que ver con quedar bien que con llevar la gracia y el amor de Dios a los que nos rodean.

Sin embargo, incluso los pequeños y vacilantes momentos de obediencia a Dios de Jonás trajeron bendiciones a quienes le rodeaban. En la barca, confiesa: "*Temo al Señor, al Dios del cielo*" (Jon **1:9**) y se sacrifica por el bien de la gente que viaja con él. Como resultado, se salvan de la tormenta y también se convierten en seguidores del Señor. "*Aquellos hombres temían mucho al Señor, le ofrecían sacrificios y le hacían votos*" (Jn **1,16**).

Si vemos que nuestra labor al servicio de Dios se ve limitada por la desobediencia, el resentimiento, la laxitud, el miedo, el egoísmo u otras debilidades, la experiencia de Jonás puede servirnos de estímulo. Aquí tenemos a un profeta que puede haber sido incluso peor que nosotros en el servicio fiel, pero Dios logra la plenitud de Su misión a través del servicio vacilante, defectuoso e intermitente de Jonás. Por el poder de Dios, nuestro servicio defectuoso puede lograr todo lo que Él planea.

Dios cuida de los que responden a su llamada (Jonás 1:3, 12-14, 17; 2:10; 4:3-8)

Dada la experiencia de Jonás, podríamos temer que la llamada de Dios nos lleve al desastre y a la penuria. ¿No sería más fácil esperar que Dios no nos llame? Es cierto que responder a la llamada de Dios puede exigir grandes sacrificios y dificultades. En el caso de Jonás, sin embargo, la dificultad no proviene de la llamada de Dios, sino de la desobediencia de Jonás. El naufragio y los tres días en el mar dentro del gran pez son el resultado directo de su intento de huir de la presencia de Dios. Más tarde, su exposición al sol y al viento y su desesperación hasta el punto de suicidarse (Jon **4:3-8**) no son penalidades ordenadas por Dios, sino causadas por la negativa de Jonás a aceptar las bendiciones de un *"Dios clemente y compasivo, lento a la cólera y rico en misericordia"* que está dispuesto a arrepentirse del mal que amenaza (Jon **4:2**).

La verdad es que Dios siempre está actuando para cuidar y consolar a Jonás. Hace que la gente tenga compasión de Jonás, como cuando los marineros intentan remar hasta tierra firme antes de aceptar la oferta de Jonás de ser arrojado por la borda (Jon **1:12-14**). Dios envía un pez para salvar a Jonás de ahogarse (Jon **1:17**) y luego le ordena que lo arroje a tierra seca (Jon **2:10**). También permite que Jonás encuentre el favor del pueblo hostil de Nínive, que lo trata con aprecio y presta atención a su mensaje. En el momento de mayor necesidad de Jonás, Dios le proporciona sombra y refugio en Nínive (Jon **4:5-6**).

El caso de Jonás es un ejemplo de cómo la llamada de Dios a servir a los demás en el lugar de trabajo no se produce necesariamente a expensas de nuestro propio bienestar. Cuando creemos esto, nos quedamos atrapados en una mentalidad de juego de suma cero. Si Dios hizo cosas extraordinarias para proveer a Jonás a pesar de que rechazó la llamada del Señor, imagina las bendiciones que habría recibido si hubiera aceptado la llamada desde el principio. Los medios para viajar, amigos dispuestos a arriesgar sus vidas por él, armonía con el mundo natural, sombra y refugio, aprecio de la gente con la que trabajaba y un éxito asombroso en su trabajo: imagina cuán grandes habrían sido estas bendiciones si Jonás las hubiera aceptado como Dios quería. Incluso en la forma reducida en que Jonás las recibe, muestran que la llamada de Dios al servicio es también una invitación a la bendición.

Conclusiones del Libro de los Doce Profetas

Los libros de los doce profetas ofrecen una perspectiva unificada de la obra en diferentes momentos y situaciones de la vida de Israel. En cada caso, muestran que Dios actúa en el mundo y está dispuesto a dar lo mejor a su pueblo si éste cumple su alianza. Antes del exilio, los profetas amonestaron a las élites de Israel sobre su ejercicio del poder y su fidelidad en el culto. Su tema constante es que Dios sólo acepta el culto que va acompañado de justicia económica y política, porque para Él no hay separación entre el trabajo del culto y el trabajo de la vida cotidiana. No acepta que algunos prosperen sin contribuir al bien común y a los miembros más pobres y vulnerables de la sociedad.

El fracaso de Israel a la hora de realizar el trabajo y el culto que Dios exige conduce al desastre nacional y al exilio en Babilonia. Durante el exilio, los profetas llaman al pueblo a enfrentarse a sus fracasos y a descubrir que tuvieron la oportunidad de ser fieles incluso en los peores momentos. Una vez más, su fidelidad se refleja tanto en su trabajo como en su culto. Los que trabajan por intereses egoístas no son mejores que los que adoran ídolos. En efecto, cuando el trabajo y la riqueza que de él se deriva se convierten en fines en sí mismos, el trabajo es idolatría. Pero quien trabaja rectamente, de acuerdo con la alianza con Dios, descubrirá que, incluso en las peores circunstancias, Dios está presente en su trabajo, aportando alegría y fruto.

Tras el regreso del exilio, los profetas exhortan a Israel a mantener prioridades piadosas mientras se restablece en la tierra y la reconstruye de la devastación. Una vez más, el desarrollo económico, el comercio justo, un gobierno que procure el bien común y el trabajo al servicio de los demás constituyen la base del verdadero culto. Todos están llamados a trabajar con Dios y la comunidad de fe en pos de la paz y el bienestar que Dios desea para su creación.

Esta es nuestra vocación hoy, como lo fue para el antiguo pueblo de Israel. En el orden hebreo del Antiguo Testamento, que es el mismo que el cristiano, los libros de los Doce Profetas proporcionan las últimas palabras antes del comienzo del Nuevo Testamento. Por tanto, apuntan a Jesús, que vino a cumplir el anhelo de los profetas de una vida abundante en todos los ámbitos de la actividad humana, incluido el trabajo, cumpliendo así la promesa de Dios a Zacarías: *"Dice el Señor de los ejércitos celestiales: (De nuevo las ciudades de Israel rebosarán de prosperidad)"* (Zac **1,17** NTV).

Did you love *Analizando la Enseñanza del Trabajo en los 12 Profetas de la Biblia*? Then you should read *Analizando la Enseñanza del Trabajo en los Libros Proféticos de la Biblia*[1] by Sermones Bíblicos!

Descubre el poder transformador de la educación laboral en los libros proféticos de la Biblia. En este fascinante libro, exploraremos las enseñanzas prácticas que podemos aplicar a nuestros días desde un contexto bíblico histórico. A través de relatos cautivadores y citas bíblicas poderosas, descubrirás principios clave para el éxito profesional y las habilidades prácticas necesarias para sobresalir en cualquier entorno laboral.

1. https://books2read.com/u/bwNZKO

2. https://books2read.com/u/bwNZKO

Aprenderás cómo mantener la integridad en medio de la presión, tomar decisiones sabias y éticas, y encontrar tu propósito y pasión en tu trabajo. Aprenderemos cómo mantener nuestra integridad e influencia positiva en un entorno corporativo lleno de retos. Además, descubriremos consejos prácticos para desarrollar nuestras habilidades profesionales, manejar el estrés y encontrar satisfacción en nuestro trabajo diario.Este no es solo otro libro sobre educación o desarrollo profesional; es una guía integral basada en principios sólidos extraídos de los libros proféticos de la Biblia. Si estás buscando una nueva perspectiva para tu vida laboral y deseas crecer tanto personal como profesionalmente desde un fundamento sólido e intemporal como lo es la Palabra de Dios, este libro es para ti.*¡Prepárate para ser capacitado por estas enseñanzas prácticas! ¡Descubre cómo puedes tener éxito en tu carrera mientras vives conforme al propósito divino!*

Also by Sermones Bíblicos

Estudiando El Tabernáculo de la Biblia
El Tabernáculo: Descripción de sus Componentes
Principios Bíblicos para una Iglesia: Ilustrados por El Tabernáculo
El Tabernáculo: En el Desierto y las Ofrendas
El Tabernáculo: Las Ofrendas Levíticas, el Sacrificio de Expiación
El Tabernáculo: Un santuario Terrenal
Analizando la Enseñanza del Trabajo en el Libro Profético de Jeremías y Lamentaciones

Estudio Bíblico Cristiano Sobrevolando la Biblia con Enseñanzas de la Sana Doctrina
Estudio Bíblico: Génesis 1. La Creación en Seis Días
Estudio Bíblico: Génesis 2. Estatutos de la Creación
Estudio Bíblico: Génesis 3. La Caída del Hombre
El Tabernáculo: En el Nuevo Testamento
Estudio Bíblico: Génesis 4. Aconteció Andando el Tiempo; Presente, Tributo, Oblación

Analizando la Enseñanza del Trabajo en los Libros Proféticos de la Biblia

La Enseñanza en la Clase Bíblica
Estudiando la Enseñanza en la Clase Bíblica: Guía para Maestros

Los Cuatro Evangelios de la Biblia
Analizando Notas en el Libro de Mateo: Cumplimientos de las Profecías del Antiguo Testamento

Los Cuatro Evangelios de la Biblia
Analizando Notas en el Libro de Marcos: Encontrando Paz en Tiempos Difíciles
Analizando Notas en el Libro de Lucas: El Amor Divino de Jesús Revelado
Analizando Notas en el Libro de Juan: La Contribución de Juan a las Escrituras del Nuevo Testamento

Notas en el Nuevo Testamento
Analizando Notas en el Libro de los Hechos: Un Viaje de Continuación en la Obra de Jesús

Personajes de la Biblia
Analizando Escenas Bíblicas: 62 Inspiradoras Enseñanzas
Cristianas del Antiguo Testamento

Profecías Bíblicas
Perfíl Profético: La Última Semana
Claras Palabras Proféticas: La Profecía Hecha Historia
Perspectiva de la Profecía: El Próximo Gran Acontecimiento
Desarrollo Profético de Dios: Las Señales de los Tiempos
Profecía Cronológica: Las Cosas que Sucederán en la Tierra
Seis Días Proféticos en la Biblia

Sermones de C. H. Spurgeon
La Procesión del Dolor

Sobrevolando la Biblia
Símbolos en la Biblia: Sana Doctrina Cristiana

Standalone
Cristo en Toda la Biblia: Estudio Bíblico
Notas en los Cuatro Evangelios: Comentario Bíblico
Analizando Lo que Está por Suceder: Las Profecías de Dios

Himnos del Evangelio
El Tabernáculo en la Biblia: Como Enseñar el Tabernáculo

About the Author

Esta serie de estudios bíblicos es perfecta para cristianos de cualquier nivel, desde niños hasta jóvenes y adultos. *Ofrece una forma atractiva e interactiva de aprender la Biblia,* con actividades y temas de debate que le ayudarán a profundizar en las Escrituras y a fortalecer su fe. Tanto si eres un principiante como un cristiano experimentado, esta serie te ayudará a crecer en tu conocimiento de la Biblia y a fortalecer tu relación con Dios. Dirigido por hermanos con testimonios ejemplares y amplio conocimiento de las escrituras, *que se congregan en el nombre del Señor Jesucristo Cristo en todo el mundo.*

About the Publisher

Editor

Elvis A. Betancourt T. 4135 Stoney Creek Dr., Lincolnton, NC 28092 *elvisbetancourtt@gmail.com*

Contáctenos

Preguntas y comentarios generales: *seminitt25@gmail.com*

www.ingramcontent.com/pod-product-compliance
Lightning Source LLC
Chambersburg PA
CBHW050601160726
48003CB00002B/984